AF234126

ÉTUDE

SUR

M. J.-J. MARQUIS,

AVOCAT, MEMBRE DE L'ASSEMBLÉE CONSTITUANTE, JUGE
AU TRIBUNAL DE CASSATION ET PREMIER
PRÉFET DE LA MEURTHE.

Il avait opinion qu'un bon citoyen se doibt tousiours
esgualement tenir prest, et offrir corps et esprit à servir la chose publique, sans en espérer ou attendre
auscun loyer mercenaire d'argent, ny d'honneur ni de
gloire.

PLUTARQUE, *Vie d'Aristide, Trad. d'Amyot.*

ST-MIHIEL,

TYPOGRAPHIE DE CASNER.

—

1847.

ÉTUDE

SUR

M. J.-J. MARQUIS,

AVOCAT, MEMBRE DE L'ASSEMBLÉE CONSTITUANTE, JUGE
AU TRIBUNAL DE CASSATION ET PREMIER
PRÉFET DE LA MEURTHE.

> Il avait opinion qu'un bon citoyen se doibt tousiours
> esgualement tenir prest, et offrir corps et esprit à ser-
> vir la chose publique, sans en espérer ou attendre
> auscun loyer mercenaire d'argent, ny d'honneur et de
> gloire.
>
> PLUTARQUE, *Vie d'Aristide, Trad. d'Amyot.*

Le nom écrit en tête de cette étude est, pour plus d'un, un
nom obscur, il devrait être pour tous un nom connu et honoré;
mais l'un dépend de l'autre, et, dans un siècle où l'on ne
saurait tenir compte de tout ce qui a par soi-même de la valeur,
parce que les grandes choses y surabondent, on a pu oublier
ce nom qui aurait mérité de survivre.

M. Marquis appartient à cette génération d'hommes utiles
qu'un patriotisme plus patient et peut-être une ardeur plus
désintéressée placèrent au second rang des acteurs de la révolution. Après la chute de l'ancien édifice il resta sur le terrain
pour aider à élever le nouveau, et pour organiser les éléments
confus d'une société qui s'appuyait sur des ruines. Il brilla
moins par l'éclat des talents que par la solidité des services,
et, en quittant la scène où il avait fait avec intelligence et dévouement les affaires du pays, il n'y livra pas à la controverse

une renommée compromise par les épreuves , il l'y laissa déjà consacrée par l'estime et la reconnaissance des populations au milieu desquelles il avait , par une administration à la fois ferme et modérée , équitable et habile, ramené la confiance et installé la prospérité.

Cette mission allait merveilleusement aux habitudes de son esprit, à la trempe de son caractère, on dirait presque à son tempérament. Son génie l'y appelait, l'éducation première ne l'en avait pas détourné, et la philosophie du dix-huitième siècle, dont il était l'élève et le disciple , l'y avait préparé.

Jean-Joseph Marquis est né à St-Mihiel, le 14 août 1747 ; il était l'aîné de quatre frères , dont deux entrèrent dans les ordres. Quant à lui, une vocation différente donna à ses facultés une autre direction, et le voua au culte des lois. Son père, Conseiller au Bailliage qui était le dernier débris des Grands-Jours de St-Mihiel, avait donné un soin tout particulier à son éducation : il avait successivement envoyé son fils achever ses études classiques au collége St-Claude de Toul , sur les bancs où se formèrent, après lui, Gouvion St-Cyr pour la guerre, et Louis pour les finances , et étudier le droit à cette Université de Pont-à-Mousson qui allait se clore et venait de donner à la science des lois Henrion de Pansey. Reçu avocat au parlement de Lorraine, le jeune Marquis était revenu demander une place dans les rangs du barreau d'où son père était sorti pour monter sur le siége. Une cause qu'il avait plaidée avec talent avait signalé son début par un succès : il ne s'en laissa pas éblouir ; il ne vit dans ces avances du présent qu'un engagement envers l'avenir, et , au lieu de se presser de cueillir, dans leurs fleurs , les fruits qui lui étaient promis , il résolut de les cultiver par le travail et de laisser au temps le soin de les mûrir. Il suivit encore le palais , mais pour écouter , et son cabinet devint une école où il poursuivit, avec une persévérance qui ne se fatigua point, des études qu'il croyait n'avoir que commencées. Il y apportait, pour s'en épargner les difficultés, la connaissance de six langues, le Français, le Latin, l'Italien, l'Espagnol, l'Allemand et l'Anglais, et il y eût, pour maîtres, tous ces publicistes, tous ces philosophes qui remplissaient le dix-huitième siècle des combats qu'ils livraient aux abus, et des luttes qu'ils soutenaient contre leurs partisans. A une époque où l'oppression d'un seul devenait la cause de tous, où le génie s'illustrait en prêtant aux victimes son patronage contre la persécution, le barreau sembla faire une étroite alliance avec l'Académie pour marcher à la conquête de la liberté. Loyseau de Mauléon recevait alors les encouragements de Rousseau, Voltaire partageait avec Elie de Beaumont la défense des Calas, et quand le Président Dupaty, pour prendre en main celle des Trois condamnés à la roue, descendait d'un siége voisin de celui où s'était assis Montesquieu, il n'était plus permis à l'avocat de rester étranger à ces grandes thèses de la liberté religieuse et de la liberté politique qu'une philosophie courageuse agitait au sein de la plupart des parlements, et pour lesquels la justice passionnait jusqu'à ses ministres. Témoin de ces controverses, M. Marquis les suivit pour y apprendre et s'y former : il adopta les principes généreux que la raison y avait fait triompher, mais il répudia les colères et les haines que l'ardeur de la lutte y avait mêlées ; il sortit de cette école, non en disciple aveugle que les rencontres et les contradictions ont animé de tous les feux de la polémique, mais en sage qui n'a assisté aux leçons des maîtres que pour s'y instruire, et qui a laissé sur les bancs l'aigreur dont la dispute n'a pas toujours su préserver la vérité. Quand l'heure des réformes eut sonné, il était prêt et il enrôla sous leur bannière un sectateur éclairé par l'observation, fortifié par l'étude, et muni par toutes deux d'expérience et de philosophie.

Comme tous les hommes que nos premières élections empruntèrent au palais pour en peupler les Etats-Généraux, il avait eu sa cause qui l'avait mis en relief : la sienne fut celle de trois Provinces, il devint le patron d'un bailliage, et, jeune encore, sans autre appui que la conscience du bon droit et la faveur des temps, il eut, pour défendre son client, à lutter contre un adversaire, qui opposait aux efforts de son talent la redoutable association d'un crédit solidement établi à la cour et de la connivence intéressée d'un ministre.

Le Roi avait acquis du Duc de Béthune la Principauté d'Enrichemont et l'avait fait entrer dans l'apanage de Monsieur, comte de Provence ; il s'était engagé, en échange de cette cession, à rendre au cédant l'équivalent en domaines d'un revenu de 60,000 livres ; cet engagement, consenti en 1766, n'était pas encore rempli en 1777 : le Comté de Sancerre, situé dans la même province, était mis en vente par la succession de la Princesse de Conti ; M. de Béthune témoigna le désir de le réunir à son duché de Sully, qui en était un démembrement ; on songea à l'acquérir pour se dégager, en le lui offrant, des obligations qu'on avait contractées à son profit : mais ce projet ne fut pas tellement secret qu'il ne parvînt à la connaissance d'un homme, qui joignait aux avantages de la naissance l'amour des spéculations et l'instinct des affaires : riche d'un beau patrimoine et destiné à le devenir beaucoup plus encore par l'héritage que devait lui apporter, un jour, un banquier de Hambourg dont il avait épousé la fille, comptant d'ailleurs sur le crédit que lui donnait un grade dans les gardes-du-corps du Roi, le comte d'Espagnac songea bientôt à tirer un double profit de la vente du comté de Sancerre : il voulut, en l'achetant, immobiliser et placer en France une partie de la fortune de son beau-père, et, en l'offrant au Roi pour désintéresser le duc de Béthune, recueillir un salaire de son habile interven-

tion. Il convoitait, du reste, la belle forét de Russy, située
dans le Bailliage de Blois et dans le voisinage de la terre de
Cormeré, dont il était propriétaire, et il pensait qu'il l'obtien-
drait facilement en échange du comté de Sancerre, qu'il se
souciait d'autant moins de conserver que ce domaine ne lui
arriverait que chargé d'anciennes substitutions, qui entoureraient
toujours sa possession de difficultés et de périls. Il l'acheta donc
au prix de 1,400,000 liv., et ouvrit aussitôt une négociation
avec l'Etat pour lui céder son acquisition ; il la suivit successivement avec deux Contrôleurs généraux, M. Taboureau et
M. Necker, sans pouvoir la conduire à bonne fin ; l'avénement
de M. De Calonne aux finances rendit à M. D'Espagnac toutes
ses espérances ; il s'aboucha avec lui et le mit dans ses intérêts ;
le ministre, qui avait été Intendant de la généralité de Metz,
possédait, en Lorraine, une terre où il avait élevé un château
magnifique, et dont il avait fait son séjour de prédilection. Le
fief d'Hannonville était situé presque à égale distance de Metz et
de Verdun, et confinait avec le Marquisat d'Hattonchâtel, qui appartenait au domaine de l'Etat ; M. De Calonne, qui ne cessait
d'agrandir ce fief en y réunissant, tous les jours, de nouvelles
dépendances, résolut de l'arrondir une bonne fois, en y ajou-
tant ce Marquisat qui lui assignerait, au sein même du Bailliage
de St-Mihiel et à ses dépens, une justice qui pourrait rivaliser,
pour l'étendue du ressort et pour les émoluments seigneuriaux,
avec celle de son maître. Il s'entendit donc avec M. D'Espagnac ;
le Roi résistait à l'échange du Comté de Sancerre et il n'avait
consenti à en traiter qu'à la condition qu'en passant dans ses
mains, il y apporterait des propriétés, et notamment des forêts,
égales en contenances et en revenus à celles qu'il en ferait
sortir ; des rapports, habilement rédigés, calmèrent les scru-
pules du monarque et surprirent sa religion ; en même temps
qu'ils exagérèrent les revenus du Comté de Sancerre et l'impor-

tance des améliorations que M. D'Espagnac y avait réalisées, ils dissimulèrent la valeur et ils accrurent outre mesure les charges des domaines que l'État lui offrait en échange ; la complaisance, pour ne pas dire la complicité, du commissaire envoyé sur les lieux pour évaluer les immeubles contréchangés, étendit un voile plus épais sur ces négociations clandestines, et assura le succès des combinaisons de l'homme avide et de l'administrateur infidèle qui les avaient conduites ; l'échange fut conclu ; il donnait, d'un côté, à l'État un domaine dont la valeur ne pouvait dépasser 1,600,000 livres, et le revenu 61,000, de l'autre, à M. D'Espagnac, outre un million de soulte ou d'avances en argent, la forêt de Russy, une autre forêt dans le Hainaut, celle de Sommedieuë, le Marquisat d'Hattonchâtel et différentes propriétés immobilières en Lorraine, en Normandie, dans le Languedoc et dans le Dauphiné, dont la valeur en fonds dépassait cinq millions, et en revenus 250,000 liv. La part de M. De Calonne dans cet immense butin fut la forêt de Sommedieuë et le Marquisat d'Hattonchâtel, avec la justice et les autres droits seigneuriaux qui y étaient attachés, c'est-à-dire un capital de 1,200,000 liv., et un revenu de 46,000 : un acte sous seing-privé, dressé à l'avance, lui en assurait la revente après la consommation de l'échange.

Cette transaction ne lésait pas moins les intérêts des particuliers et des communes que ceux de l'État ; il n'y eut qu'un concert pour la maudire dans le Bailliage de Blois, dans celui de Valenciennes dont elle détruisait la Maîtrise, en lui enlevant la seule forêt qu'elle administrât, et dans celui de St-Mihiel surtout, où, en transportant à un particulier les droits de justice du Roi sur le Marquisat d'Hattonchâtel, elle soustrayait à la justice ordinaire la majeure partie de son ressort en première instance, et amenait la suppression d'un nombre considérable d'offices, qui faisaient la fortune de leurs possesseurs.

A St-Mihiel les trois ordres firent cause commune, et choisirent M. Marquis pour interprète de leur plainte. L'avocat répondit à la confiance de ses Concitoyens ; dans le mémoire qu'il publia, sous le titre d'*Observations de la ville de St-Mihiel*, pour dénoncer au Roi dans son Conseil un échange qu'il considérait comme une indigne spoliation, son talent s'élève à la hauteur de sa cause et s'y anime de toute la chaleur que le courage et le sentiment du devoir peuvent communiquer à la parole de l'homme de bien. Il interroge les évaluations pour montrer que la complaisance et la mauvaise foi les ont faussées, il rapproche les chiffres pour faire ressortir une lésion monstrueuse, enfin il en appelle aux principes du droit pour établir la nullité d'un échange conclu au mépris de toutes les formes tracées par la loi. Délégué par la ville et la Maîtrise de St-Mihiel, il alla lui-même à Paris soutenir, pendant deux ans, auprès des ministres l'effet de cette dénonciation civique ; elle retentit jusqu'au sein de l'Assemblée des Notables, et souleva dans un de ses bureaux une discussion qui ouvrit enfin les yeux au gouvernement ; le ministère chargea une commission prise dans le Conseil d'examiner les circonstances, le caractère et la valeur de l'échange du Comté de Sancerre ; mais les événements la devancèrent, les Etats-Généraux étaient convoqués, et les Bailliages de Blois, de Bar-le-Duc, de St-Mihiel et de Valenciennes y avaient envoyé des représentants auxquels ils avaient, dans leurs cahiers, donné spécialement la mission de dénoncer à la nation assemblée le scandale inouï d'une transaction aussi onéreuse. Les Députés de ces Bailliages se réunirent au nombre de seize (1) pour établir en commun leurs griefs

---

(1) Parmi ces seize députés on remarque M. De Bousmard, député de la noblesse du Bailliage de Bar-le-Duc, officier du génie, qui a illustré son nom par les ouvrages qu'il a publiés sur l'art des fortifications ; M. Bazoche, Avocat du Roi au Bailliage de St-Mihiel, et

contre M. D'Espagnac et M. De Calonne : le 2 octobre 1789, par l'organe de M. Marquis, ils les portèrent à la Tribune sous la forme d'une motion d'ordre ; l'Assemblée accueillit cette motion et, séance tenante, elle décréta la formation d'un Comité des domaines qui serait chargé d'examiner, comme la commission ministérielle, l'échange du Comté de Sancerre et de plus toutes les autres aliénations de même nature dans lesquelles l'Etat aurait des droits à recouvrer. Ce comité s'en occupa activement, il procéda avec persévérance, mais avec maturité ; il consulta les archives des Maîtrises et de la Chambre des comptes, il prescrivit de nouvelles vérifications, il médita les observations des parties, et enfin, le 27 juillet 1791, deux mois avant que l'assemblée dont il émanait n'abdiquât ses pouvoirs, il fit son rapport et conclut, par l'organe d'un savant jurisconsulte, M. Fricot, député du Bailliage de Mirecourt, à la révocation de l'échange du Comté de Sancerre : l'Assemblée adopta ces conclusions et marqua ainsi la fin de sa carrière patriotique par cet acte de juste et énergique réparation. La cause de M. Marquis s'était agrandie avec les événements ; en devenant celle du pays elle n'avait pas interdit à l'avocat de continuer à la défendre dans l'assemblée où le Tiers-état des bailliages de Bar-le-Duc et de St-Mihiel réunis (1) l'avait chargé de le repré-

---

M. Gossin, Lieutenant civil et criminel au Bailliage de Bar-le-Duc, députés du Tiers-Etat de ce Bailliage, qui ajoutèrent tous deux à l'illustration du talent celle du courage et du patriotisme. M. Gossin y ajouta de plus celle du malheur, en expiant sur l'échafaud de la terreur son dévouement à ses concitoyens.

(1) La Députation des Bailliages de Bar-le-Duc, Lamarche, Pont-à-Mousson, Bourmont, Commercy, St-Mihiel, Thiaucourt, Etain, Briey, Longuyon et Villers-la-Montagne réunis, était composée, 1º pour le Clergé, de MM. Simon, curé de Woël, Collinet, curé de Ville-sur-Iron, Aubry, curé de Véel ; 2º pour la Noblesse, de MM.

senter, et le triomphe du droit de la nation était deux fois, pour lui, le gain de son procès.

Le rôle qu'il y avait joué l'avait, à l'avance, signalé au choix des Etats-Généraux ; bien que son talent modeste se fût dérobé aux sollicitations de la gloire et qu'il eût résisté aux entraînements des discussions publiques, il s'était révélé dans celles des bureaux ; on n'avait pas été long-temps sans en reconnaître la valeur et sans deviner sa spécialité ; dès le 14 juillet 1789, l'Assemblée avait appelé M. Marquis à son Comité des finances, et ses collègues l'y avaient attaché au Cabinet des mines et des monnayes ; il s'y était livré, sans relâche, aux travaux administratifs des Commissions : il y était dans son élément ; esprit solide, mais net et précis, il aimait la méthode, parce qu'en servant de guide, elle va droit et sait éviter des détours, et mettait la clarté au-dessus de l'éclat, parce qu'elle répand la lumière sans éblouir, et qu'en montrant les choses elle les fait toucher. Une raison calme et méditative comme la sienne devait préférer, pour produire, le recueillement du cabinet aux orages de la tribune. Elle était trop pressée d'arriver à son but pour se complaire dans les développements, et elle exigeait trop d'elle-même pour s'abandonner aux hasards de l'improvisation : d'ailleurs, la nature avait refusé à M. Marquis cet instrument sans lequel il n'est pas d'action possible sur les assemblées délibérantes ; il était d'une taille élevée, mais sa voix manquait de timbre et de volume ; la moindre interrup-

---

le Duc Du Châtelet, le Vicomte Du Hautoy, maréchal-de-camp, De Bousmard, capitaine au Corps royal du Génie ; 3° pour le Tiers-Etat, de MM. Marquis, Avocat à St-Mihiel, Viard, Lieutenant de police à Pont-à-Mousson, Ulry, Avocat du Roi à Bar-le-Duc, Duquesnoy, Avocat et syndic provincial de Lorraine et Barrois, Bazoche, Avocat du Roi à St-Mihiel, Gossin, Lieutenant-Général civil et criminel à Bar-le-Duc, Huot de Goncourt, Avocat à Bourmont.

tion l'eût couverte, et jamais, même dans le silence d'une attention religieuse, elle n'eût pu atteindre la portée d'un vaisseau plus grand que le prétoire d'un tribunal ordinaire.

M. Marquis accomplit ainsi, dans un travail utile et assidu, le mandat qui l'avait envoyé à l'Assemblée constituante. La manière dont il l'avait rempli lui en valut un autre : le 21 février 1791, l'Assemblée électorale du département de la Meuse l'appela à faire partie de ce Tribunal suprême de Cassation dont il venait de contribuer à doter la France ; mais à peine s'y était-il assis que le sort le désignait pour l'un des quatre Grands-Juges de la Haute-Cour d'Orléans, qu'une résolution de l'assemblée législative venait d'organiser ; les événements ne laissèrent à ce tribunal que le temps d'ouvrir les instructions qu'il devait trancher, les massacres de septembre lui ravirent, pour les immoler, des justiciables qu'il eût peut-être sauvés, et les Tribunaux révolutionnaires, qui sortirent bientôt des délibérations de la Convention, succédèrent à une juridiction où le personnel et la procédure auraient mal servi les passions de l'époque. L'assemblée législative avait fait une lacune dans la carrière parlementaire de M. Marquis : le département de la Meuse, qui n'était plus lié par les prohibitions légales, la limita en le députant à la Convention. (1) M. Marquis apporta dans cette assemblée les habitudes laborieuses qu'il avait contractées et les opinions modérées qu'il s'était faites dans la Constituante ; il y vint avec les traditions de cette grande assemblée, un patriotisme éclairé par trois années d'expérience, le regret d'un

---

(1) La députation de la Meuse se composait de MM. Moreau, Marquis, Tocquot, Pons (de Verdun), Roussel, Bazoche, Humbert et Harmand.

Pendant que M. Marquis siégeait à la Convention, ses fonctions étaient remplies au Tribunal de Cassation par M. Pons, que le département de la Meuse y avait élu son Suppléant.

pouvoir affaibli en face d'une souveraineté mobile , et des liaisons qui l'attachaient à un certain nombre de Constituants que l'élection populaire venait de rendre, comme lui , à la vie publique. Il s'assit à leurs côtés dans le voisinage de la Gironde et de la Plaine , sur ces bancs intermédiaires de l'assemblée , qui reçurent tant d'hommes généreux qui y déployèrent le courage de la modération. Le travail le retrouva dans les Comités de Législation et de Liquidation, où la Convention avait fixé sa place , mais il ne rompit qu'une fois le silence dans ses séances publiques, et la tribune ne l'y connut que le jour où il y monta pour exprimer trois fois un vote que sauvait les jours d'un roi infortuné. Ces habitudes modestes le servirent autant qu'auraient pu faire la prudence : un simple vote était du courage, mais il n'était pas une attaque, et, en se bornant à le produire contre les partis, s'il leur déplaisait, il ne les irritait point : du moins, ils épargnèrent un député dont la conscience seule leur était hostile. M. Marquis quitta la Convention pour passer au Conseil des Cinq-Cents , où l'élection l'appela encore en brumaire an IV ; mais bientôt le choix du Directoire vint le chercher pour lui confier l'administration des, départements de la rive gauche du Rhin, auxquels la loi avait assigné des noms et des limites, mais dont une prudente temporisation ajournait encore la réunion officielle à la France (1). François de Neufchâteau , son compatriote et son ami, de Ministre devenu tout-à-coup Directeur , lui ménagea, dans cette circonstance, la surprise qu'il avait récemment éprouvée lui-même : on montre encore sur l'une des places d'Epinal l'humble maison où une or-

---

(1) Après le départ de M. Marquis pour les départements de la rive gauche du Rhin, les Députations de la Meuse se sont trouvées composées, pour le Conseil des Anciens, de MM. Bazoche et Champion ; pour le Conseil des Cinq-Cents, de MM. Vallée, Pons , Paillet et Grison.

donnance était venue, au milieu de la nuit, apprendre au Commissaire du directoire exécutif dans le département des Vosges, que le directoire l'appelait au Ministère de l'intérieur : une surprise pareille apprit à M. Marquis, qui se reposait à St-Mihiel des fatigues de la vie parlementaire, qu'un ordre du gouvernement l'appelait à l'administration des départements nouveaux; il s'effraya d'abord des difficultés de cette haute mission ; enfin, après de longues hésitations, il l'accepta et, obéissant aux ordres du Directoire, il prit le chemin de Mayence, où il arriva avec les pouvoirs à peu près illimités d'un proconsul, fonctions redoutables, dont le souvenir à la fois antique et moderne rappelle tout ce que l'arbitraire et la cupidité peuvent inventer de cruautés et de déprédations, et que M. Marquis releva de la longue proscription que la conscience des peuples avait prononcée et que l'histoire maintenait contre elles.

Les départements de la rive gauche, au nombre de quatre, le Mont-Tonnerre, la Sarre, le Rhin et Moselle, et la Roër, s'étendaient de Spire à Cologne; ils étaient le foyer d'intrigues et d'agitations, qui, les travaillant en sens contraires, menaçaient, à chaque instant, d'arracher à la République Française, au milieu des convulsions d'un soulèvement populaire, une province dont la lente acquisition lui avait coûté tant d'efforts et de sang, et dont la perte compromettrait son intégrité. M. Marquis s'appliqua d'abord, comme son prédécesseur immédiat, M. Rudler, à ramener l'ordre et la régularité dans l'administration, et à rendre à la domination française, en cicatrisant les plaies de la guerre, ce qu'elle avait perdu de la confiance de ces populations. Pour cela il fit cinq choses; il entoura d'une surveillance active les partisans des anciens gouvernements de cette province, et ne les laissa toucher au pouvoir qu'avec une extrême circonspection ; il prévint ou réprima avec une sévérité égale à sa vigilance les exactions que ne s'étaient que trop souvent permises, ou se permettaient encore les agents du gouvernement français ; il ne publia dans les quatre départements que celles de nos lois qui , en n'y blessant ni les intérêts, ni les mœurs ou les préjugés nationaux , respectaient ces grands principes de liberté , de justice et d'égalité qui étaient le droit commun de la République ; il proclama la tolérance de tous les cultes , et changea en protection la persécution, dont quelques-uns de leurs sectateurs ou de leurs ministres avaient eu à se plaindre pendant les premières années de l'occupation. Enfin il s'attacha à faire naître dans les populations, à la faveur d'une administration morale et bienveillante , le désir d'une prochaine et définitive réunion à la France. Hoche , qui avait long-temps commandé dans ces provinces, avait, pour les détacher du corps de l'Allemagne et pour les flatter , en offrant à leurs yeux l'image de la liberté Française et la perspective glorieuse d'une réelle indépendance , jeté dans les esprits l'idée d'une république cisrhénane , qui grandirait au nord de la France comme les républiques italiennes au midi, en s'appuyant à sa puissance et en se couvrant de son inviolabilité (1). Cette pensée séduisante , déposée dans les esprits , la veille d'un combat, pour en faire sortir une victoire, y avait promptement pris racine , mais elle n'avait pas tardé à porter les fruits amers de la division. La république projetée voulait être émancipée le jour de sa naissance , et dès le sein de la mère, où elle flottait encore en germe confus , elle rejetait l'autorité de la tutelle et rêvait un complet affranchissement. M. Marquis avait compris que, si le Rhin était la limite naturelle de la France du côté de l'Allemagne, Mayence en était la clef, et que ce serait une impardonnable imprudence de la confier à un peuple trop faible pour la garder en face de l'ennemi , ou qui

____

(1) Rapport du C. Marquis au C. Cambarès, Ministre de la justice, du 17 thermidor an VII.

croirait acheter la paix , en se retournant contre nous et en livrant la plus large de nos portes à l'Europe. Il n'entreprit pas d'étouffer dans les quatre départements le culte des idées démocratiques ; il s'étudia seulement à montrer à ces vaincus, qu'il traitait en frères, que, s'ils voulaient vivre sous le regime républicain , il valait mieux se fondre dans la république puissante qui allait régner sur le monde que d'essayer de s'élever , sous sa main , comme un défit, et de végéter dans l'isolement, jusqu'à ce qu'il lui plût de les soumettre de nouveau à sa domination. Voilà ce que conseillaient ses discours ; ferme par sa régularité , mais paternelle par sa justice et par ses procédés, son administration fit le reste : les bienfaits tournèrent les esprits vers la France, et la république victorieuse , poursuivant ses projets sans demander à ces peuples une plus formelle adhésion, consomma sa conquête, en déclarant les quatre départements partie intégrante du sol Français et en leur envoyant quatre préfets (1). M. Marquis leur céda le champ qu'il avait préparé ; rapproché de sa terre natale pour occuper la Préfecture de la Meurthe , il inaugura , à Nancy, le régime préfectorale institué par les consuls (2). Il y continua ce qu'il avait commencé à Mayence ; il s'appliqua donc à établir dans son nouveau département l'autorité du gouvernement régulier , en dissipant les préventions de ses adversaires , et à consolider la sécurité générale en réconciliant les partis , dans cette heureuse contrée qui n'avait guère entendu que l'écho des agitations de la capitale, sans y mêler le trouble de ses propres divisions. Il donna aussi tous ses soins à l'instruction publique, en favorisant l'établissement des écoles secondaires et en pré-

---

(1) Arrêté des Consuls du 22 fructidor an VIII , et loi du 18 ventôse an IX.

(2) Loi du 22 frimaire an VIII.

parant la réorganisation de l'enseignement élémentaire. La révolution avait détruit et dispersé la Société académique que
Stanislas avait fondée à Nancy, et qui avait compté parmi ses
membres Montesquieu, St-Lambert et Buffon : M. Marquis en
recueillit les débris, il leur offrit un asyle dans un édifice du
département et prépara ainsi la résurrection de cette Académie.
Au début de son administration, il dressa (1), pour obéir au
vœu du Premier Consul et aux instructions du Ministre de l'intérieur, la Statistique du département de la Meurthe. Elle fut
distinguée entre toutes celles qui furent publiées alors, et peut
encore aujourd'hui servir de modèle : elle forme un volume in-
folio de plus de deux cents pages. Rien n'y est omis, tout y
est à sa place et présente, avec le cachet de la vérité, le ta-
bleau vivant des richesses territoriales, industrielles et morales
de l'un des plus beaux départements de la France. Ce livre,
écrit sur une matière si aride, et qui ne semble comporter
d'autre mérite que celui de la méthode et de l'exactitude, brille
encore par l'intérêt qu'a su y répandre, dans certaines parties,
la forme littéraire. Le style de M. Marquis, qui est habituelle-
ment le style simple et de bonne foi de Rollin, s'affermit et se
colore ici pour tracer le caractère d'un peuple renommé pour
son courage et sa fidélité, et pour peindre les mœurs antiques
et naïves des villages de la Lorraine.

Tout était à créer, au temps où M. Marquis administrait, et
le droit administratif, qui, de nos jours, reconnaît encore une
de ses sources dans les décisions des tribunaux qu'il institue
et dans les errements de la pratique, en était à poser ses principes et à les rassembler, à mesure qu'ils naissaient des cas
nouveaux ; dès ce moment les arrêtés du Préfet de la Meurthe,
inspirés par un esprit de sage équité, nourris de la substance

____

(1) En l'an X.

du droit civil et calqués sur les traditions de ces Comités de la Constituante, où s'étaient élaborées les meilleures des lois de l'ère nouvelle, obtinrent l'autorité de précédents et furent depuis consultés comme les monuments d'une raison aussi puissante que la loi. M. Marquis occupa, huit années, la Préfecture de la Meurthe ; des causes de diverses natures le déterminèrent à la résigner ; l'âge commençait à lui faire sentir la fatigue, mais une infirmité cruelle vint en même temps lui commander le repos; l'étude et le travail, qui s'étaient exclusivement partagé sa vie, avaient, de bonne heure, altéré sa vue ; le mal avait fait de tels progrès, que le noble vieillard pouvait, pour ainsi dire, assigner le jour où il ne verrait plus : dans son inquiétude, il en avait appelé aux secours de l'art pour arrêter la marche de la cécité, mais les remèdes étaient restés impuissants ; une fois qu'il lût son arrêt dans leur inefficacité, sa résolution fut prise, et il retrouva la sérénité dans la résignation : « Ma femme, dit-il à la compagne de cette dernière partie de sa vie, n'en parlons plus ; demain je serai aveugle, « partons aujourd'hui pour que je puisse encore me conduire.» Il prit, à l'instant, sa retraite (1), et, béni sur les bords de la Meurthe comme il l'avait été sur ceux du Rhin, il alla à St-Mihiel, au sein des deux familles auxquelles il appartenait, vivre de ses souvenirs, et des restes d'une fortune modeste qu'il avait apportée aux affaires, et qu'il n'avait pu sauver tout entière des charges de la représentation.

Souvent, pendant le cours de son éloignement, le département de la Meuse s'était souvenu de M. Marquis ; souvent aussi, depuis qu'il l'avait quitté, celui de la Meurthe se rappelait avec reconnaissance son administration ; en 1807, le premier l'avait présenté comme candidat au Sénat ; en 1811, le second le pré-

---

(1) Le 29 octobre 1809.

senta comme candidat au Corps législatif ; (1) l'ancien préfet y fut nommé et y siégea jusqu'en 1814, fermant, à la chute du gouvernement né de la révolution, une carrière parlementaire qui s'était ouverte avec elle. Il ne lui resta plus qu'à vieillir dans la retraite où nos désastres le ramenèrent, et où il aurait voulu ne rentrer que sous de moins tristes auspices.

Il vécut huit ans encore, honoré d'une estime et d'un respect qu'aucun parti n'aurait osé lui refuser, aimé de tous ceux que sa bonté familière attirait auprès de lui. Une passion tendre avait rempli la jeunesse de M. Marquis ; dans sa ville natale et dans sa condition, il avait connu, il avait aimé une personne qui répondait à ce sentiment par un sentiment non moins vif ; il ne put alors en obtenir la main : mais, fidèles à leur inclination, les deux amants s'attendirent de longues années et s'unirent alors qu'ils touchaient déjà à la vieillesse. Ce mariage tardif fut fécond, mais il ne conserva pas ses fruits. Toutefois il donna à M. Marquis une compagne qui fut une moitié de lui-même, qui ne le lui cédait point en vertu ; elle s'entendait avec lui pour faire régner, grâce à l'ordre, l'abondance dans une maison où des traitements, moindres que ceux de nos jours, n'apportaient pas l'opulence, et pour prélever sur une médiocrité, que ne dépassaient pas leurs vœux, cette dîme de la bienfaisance qui recevait de leur main un emploi si intelligent : tous deux donnaient beaucoup, mais l'art de placer ou de faire leurs présents en doublait le prix. Ils choisissaient si bien ceux qu'ils voulaient aider que leur assistance, en encourageant et en récompensant le travail, ne semblait être que l'acquit d'une dette.

Un jour, c'était peu de temps après l'installation de M.

____

(1) La Députation de la Meurthe se composait de MM. Marquis, Thiry et Griveau ; celle de la Meuse de MM. Desaux et Paillet.

Marquis dans la préfecture de la Meurthe , on lui présente un jeune homme , que des·succès obtenus· à l'Ecole centrale de Nancy rendaient déjà l'artisan de sa propre fortune , et qui , l'aîné d'une famille nombreuse , s'était imposé le devoir d'en être le soutien. Il l'accueille avec bonté , l'interroge pour s'assurer de son aptitude , et , satisfait de ses réponses, il l'attache sur-le-champ avec appointements , à ses bureaux et à son cabinet. L'employé y était encore cinq ans après, monté en grade, pourvu d'un traitement meilleur et reconnaissant, par un attachement pieux et un travail assidu, la sollicitude de son protecteur. La loi venait de rétablir les écoles de droit et elle admettait immédiatement aux épreuves des examens les candidats qui justifiaient de la fréquentation des cours de législation, dans les écoles centrales. La prévoyante activité du jeune secrétaire remplissait, à l'avance, cette condition; il veut en profiter ; il pense qu'un titre universitaire lui ouvrira une carrière où il sera plus utile aux siens ; il s'apprête donc à partir pour Strasbourg, emportant avec lui, pour acquitter les frais de sa thèse, ses économies de plusieurs années ; mais, avant de se mettre en route, il va prendre congé du préfet : M. Marquis l'attendait : il le loue de sa résolution , il l'encourage , il lui souhaite une chance heureuse, et lui témoigne sa confiance dans le résultat de ses épreuves , puis il fait un signe à Mme Marquis ; un meuble s'ouvre, et elle y prend une bourse qu'elle remet à son mari ; celui-ci la place dans la main du jeune homme et le congédie, en lui disant : « Votre thèse est née » dans mes bureaux, il est juste que je fasse les frais de son bap- » tême. » Le candidat partit le lendemain, riche de vingt-cinq louis de plus, et, quelques jours après (1), la faculté de Strasbourg inaugurait la reprise de ses actes publics , en dé-

---

(1) Le 2 août 1806.

cernant la Licence à l'auteur de cette thèse, qu'avait produite devant elle la générosité ingénieuse d'un si délicat patronage.

L'éclat dont de hautes fonctions avaient entouré l'homme public avait long-temps effacé, dans M. Marquis, l'homme de lettres et l'érudit ; la retraite les remit en lumière et leur ouvrit, pour briller, ce champ restreint de la conversation où les bornes mêmes rendent le succès plus difficile (1). M. Marquis avait eu, dès l'enfance, et il avait, jusques dans la vieillesse, conservé la passion du travail ; une intelligence pleine de vivacité et de pénétration, jointe à un jugement ferme et à une mémoire qui recevait toujours et ne perdait jamais, lui avait assuré tous les fruits d'une étude qui avait rempli, dans sa vie, tous les instants qu'il n'avait pas donnés à ses devoirs publics. Il parlait six langues et possédait la meilleure partie de leur littérature ; dans sa jeunesse, il avait, pour former son style, copié, de sa main, ceux de nos chefs-d'œuvre qui se trouvaient en rapport plus intime avec la nature de son esprit : il avait analysé tous les systèmes de philosophie ; l'économie politique et le droit public lui étaient familiers ; il n'est pas un peuple, pas une époque dont l'histoire fût restée étrangère à ses études, et jamais une date ne se présentait, en hésitant, sur ses lèvres, ou ne venait y mêler une erreur au récit d'un événement. A soixante ans, il récitait imperturbablement des chants de Virgile ou des tirades de Voltaire, qu'il n'avait pas revus depuis les bancs de l'école, et toute mémoire, embarrassée dans une citation, pouvait s'adresser à la sienne pour

---

(1) Des biographes ont attribué à M. Marquis une vie de Léopold I.er, Duc de Lorraine, qui a été publiée sous le nom du Comte de Foucault : mais M. Marquis ne l'a jamais revendiquée ; on ne sache pas non plus qu'il ait, en aucune circonstance, parlé de cet ouvrage à personne ; le livre, d'ailleurs, ne révèle ni son style, ni sa manière.

l'achever, si elle la puisait dans une œuvre classique. Il était né sous le règne de l'Encyclopédie : on aurait dit qu'en recevant le jour, il en avait, avec l'air, respiré l'universalité. Mais une pareille érudition craignait de se produire ; il fallait que la conversation lui fît violence pour se montrer ; une modestie de bon goût l'abritait derrière les formes du langage, afin de la dissimuler, et la politesse la maniait avec des ménagements si habiles qu'elle semblait venir des autres et leur appartenir, en les suppléant. Depuis qu'il ne voyait plus et que ses organes ne pouvaient plus suffire aux besoins de son esprit, M. Marquis apportait une action moins désintéressée dans le commerce de la société ; les souvenirs d'une vie qui avait passé par des phases si diverses, des anecdotes racontées avec une simplicité et une bonhommie assaisonnées d'un peu de malice, une observation introduite à propos dans la controverse, un trait piquant mêlé subitement à ses débats, pour la contenir quand elle s'égarait, et la ranimer quand elle venait à languir, telle était sa quote-part dans l'échange des procédés du monde, et une lecture celle qu'il savait bien amener les autres à lui offrir, heureux qu'ils étaient d'obéir avec empressement à de si innocentes exigences. Sa maison était le retrait d'un sage, le toit hospitalier d'un patriarche : la paix, la charité, le bonheur y régnaient pour ceux qui l'habitaient et pour ceux qui en franchissaient le seuil : là veillaient sans cesse sur cet homme excellent, pour le deviner, cette compagne de sa vie, qui avait contraint les mauvais jours à déposer leur sombre tristesse en en approchant, et, pour le servir, une domestique qui avait vieilli en le suivant, et ne s'était pas imaginé qu'autre chose que la mort pût la séparer de ses maîtres. Souvent M. Marquis y revenait aux leçons du collége pour les donner à un jeune enfant auquel l'attachait une tendre affection, et qui trompait les besoins de son cœur, en lui rendant une image de la paternité. Ou bien, touchant à d'autres sujets auxquels ses études l'avaient initié, il conseillait sur un prône son frère, prêtre aussi bon que tolérant, qui pratiquait l'évangile comme un apôtre, et l'enseignait doublement par la parole et par l'exemple. Le soir arrivait, et les habitués, parmi lesquels un coup de fortune avait replacé le jeune licencié de Strasbourg, venaient, fidèles au rendez-vous quotidien, se ranger autour du vieillard ; il aimait à les écouter, mais souvent, par une ruse qui ne lui déplaisait point, ils ne parlaient que pour l'engager dans leurs entretiens ; bientôt les questions, les doutes, les insinuations se concertaient avec les réticences pour le forcer à rompre le silence : alors il jetait dans la conversation une anecdote qui lui donnait son intérêt, ou laissait tomber une épigramme qui y éveillait la gaieté. Ou bien encore, ramené lui-même par un événement, la lecture du jour ou l'allusion d'un auditeur aux temps héroïques de la révolution, il parlait des glorieuses conquêtes de la Constituante, il rappelait la Gironde, son éternelle admiration, il peignait les combats de la tribune, il faisait revivre les maîtres de l'éloquence et donnait des regrets à ces athlètes qu'une destinée commune avait tous ensevelis dans leurs triomphes ou dans leurs défaites. Plus d'une fois on vit des hôtes nouveaux s'asseoir à ces réunions ; c'étaient des proscrits à qui la terre natale était rouverte, et qui venaient faire une halte au foyer du compagnon de leurs jours de lutte avant d'aller embrasser les autels déserts de leurs dieux domestiques, ou l'épouse et les enfants de ces exilés, qui voulaient goûter une hospitalité plus chère avant de toucher la terre étrangère, et y porter à ces français malheureux la patrie tout entière dans les souvenirs de l'amitié et les embrassements de la famille. C'est ainsi que M. Marquis parvint à l'extrême vieillesse, jouissant de la douce paix que la retraite lui avait faite, et répandant autour de lui ce charme indéfinissable et cette sérénité dernière qui émanent, à son déclin, de l'homme de talent qui a été homme de bien. Il s'éteignit sans douleur, le 7 juin 1822, laissant après lui un nom qu'il avait rapporté pur d'une époque où tant d'autres s'étaient souillés à des excès, et l'exemple d'une vie sur laquelle le patriotisme, l'amour du devoir, la probité et la modération avaient, en dépit de sa modestie, fixé un lustre discret préférable à la renommée.